Mi Viaje a la Ciudad de las Nubes

Laya, una niña limeña de doce años,

emprende un viaje junto a su familia a la hacienda Achamaqui, ubicada en Amazonas. Esta aventura se convierte en una experiencia mágica de conexión con la naturaleza y sus cuatro elementos: tierra, aire, fuego y agua. Guiada por la enigmática Alya, Laya descubre secretos familiares y se reconecta con sus ancestros. A través de estas vivencias, aprende a escuchar su voz interior, valorando su entorno y su propia esencia.

Valores implícitos

La conexión profunda con la naturaleza y el respeto al medio ambiente son temas centrales en esta historia. Además, se fomenta la gratitud, el amor y el cuidado hacia uno mismo y hacia los demás. La narrativa también subraya la importancia de los lazos familiares, la introspección y el descubrimiento personal a través de la interacción con los elementos naturales.

BABI DI·BU

Mi Viaje a la Ciudad de las Nubes

Jamie Buchanan Rivera

Ilustrado por
Cecilia Merino Rivera

Faltaban solo dos días para las vacaciones de julio cuando mi mamá nos dio la sorpresa de que visitaríamos la hacienda Achamaqui, una casona que mi madre heredó cuando mi abuelo murió hace tres años, pero que, por la pandemia, nunca pudimos visitar. Mis hermanos y yo saltamos de alegría porque esa hacienda tiene historia. Mi madre vivió allí hasta los siete años, pero, cuando mis abuelos se separaron, nunca volvió.

Tomamos un vuelo desde Lima a Chachapoyas en un avión que me daba nervios porque era más pequeño que en los que normalmente viajábamos. Para variar, fue un viaje caótico con los gemelos, que no paraban de pelear y gritar para ver quién se sentaba al lado de papá o mamá. Yo alucinaba con las hélices, que nunca había visto tan de cerca, y tomaba fotos con el celular que, por fin, mis papás me habían regalado por mis doce años recién cumplidos. Ese cielo me sorprendía; cada nube parecía decirme algo, tomando formas mágicas. Recogiendo recuerdos con mi iPhone 8 de segunda mano (ya sé, yo también esperaba uno mejor), me sentía como la mejor fotógrafa del mundo. ¿Sabes qué significa Chachapoyas? Ciudad de las nubes, y ahora entiendo por qué se llama así.

Aterrizamos, y el capataz de la hacienda, el señor Eliseo, nos esperaba en una todoterreno. Alto, moreno, fuerte y con unas manos gigantes y ásperas. Nunca había sentido unas manos que rasparan al tocarlas.

—Así que ustedes son los tres mosqueteros del señor Zacarías —nos llamó, soltando una carcajada.

Del espejo retrovisor colgaba algo extraño; parecía un quipu, de esos que usaban los incas para contar, era un conjunto de cuerdas de distintos colores y longitudes con nudos que representaban información numérica para hacer los cálculos, pero no me atreví a preguntar.

Íbamos entrando a la hacienda con un paisaje hermoso. La todoterreno se iba abriendo camino por el jardín, o mejor dicho, por la hierba salvaje que medía más de un metro. Entre árboles de algodón, olores florales y cantos de los pájaros, llegamos a esta hermosa casona con olor a madera y con el susurro del río que la recorría. Salieron María y una niña a recibirnos; creo que eran la esposa y la hija pequeña del señor Eliseo.

María me abrazó con tanta fuerza que me dejó sin poder respirar por unos segundos. La niña solo nos miró y se distrajo con una mariposa monarca que pasaba y salió corriendo

tras ella. Despeinada y salvaje, corría descalza por la hierba húmeda. Mientras se alejaba, me sorprendió ver cómo bichos extraños se le subían por las piernas y ella ni se inmutaba. Me parecía misteriosa y me dio mucha curiosidad conocerla.

Luego de acomodar las maletas, la vi columpiándose en un árbol gigante. Bailaba de un lado al otro sobre una larga soga y un neumático reciclado. Ella, con los ojos cerrados, parecía entregarse al viento para volar alto. Me acerqué a ella y dio un salto de pronto, cayendo de gran altura y rodando sobre el césped. Solo me dijo:

—Vamos a bañarnos al río.

—No tengo ropa de baño puesta —le dije.

—Yo tampoco. Vamos —me dijo.

Yo solo me dispuse a seguirla; ella caminaba unos pasos delante de mí. Observaba cómo se perdía con rapidez entre la vegetación, pasando por unos árboles de lima que inundaron mis sentidos. Llegamos y, en un dos por tres, ella se lanzó al agua con ropa y me gritó:

—¡Ven!

Me saqué las zapatillas, me remangué el jean y metí con miedo los pies al agua helada. Los saqué de inmediato. Me volvió a gritar:

—¡Ven!

No sé cómo lo hice, pero me sumergí de una en este río abundante y sentí una alegría inmensa. Mi sonrisa se quedó congelada en el espacio. No era necesario hablar con ella, solo necesitaba sentir, y me sentía mejor que nunca. Estuvimos varios minutos disfrutando del agua helada y, cada vez, me sentía más a gusto, y el frío iba desapareciendo. Después de unos minutos en los que solo los pájaros hablaban, le pregunté:

—¿Cómo te llamas?

—Alya.

—¿Qué significa Alya?

—Desde el cielo.

—¿Ah?

—Sí, significa «desde el cielo», y tu abuelo les dio la idea a mis padres para que me lo pusieran.

—Me gusta. El mío no significa nada —le dije.

—Tu nombre es tu sonido, es como tu símbolo, así que tiene mucho significado y es especial. Mi abu dice que cada vez que pronuncie mi nombre debo decirlo con amor y gratitud.

En ese momento, una libélula se posó en mi mano, y Alya me dijo:

—Ya ves, ella lo sabe, eres especial.

Con gran delicadeza, ella la cogió, le susurró algo al oído y la invitó a volar. Todo su aspecto salvaje y desaliñado se vio opacado por una paz y armonía entre ella y nuestra

compañera alada. Unos segundos más tarde, se puso a hacer el muertito, y la corriente se la empezó a llevar unos metros. Ella parecía tan en calma que hice lo mismo. Me quedé sorprendida cuando me percaté de que de cada uno de sus dedos de las manos y de los pies le salían unas luces brillantes que iluminaban el fondo del río, dando vida a rocas, plantas extrañas y peces. Me froté los ojos porque no podía creer lo que estaba viendo y, cuando volví a mirar, ella ya estaba de pie sobre una roca gigante y me dijo:

—Ven, mira. ¿Ves eso de allí?

—¿Qué cosa exactamente? Veo una montaña gigantesca con árboles y unos arbustos de flores amarillas, pero no sé a qué te refieres —le pregunté.

—Eso —estiró su delgado brazo señalando hacia arriba—. Es una tumba, alguien especial fue enterrado allí.

Enfoqué mi vista y no lo podía creer. Solo había visto esas figuras una vez en un libro del colegio, y ahora estaban delante de mis ojos, a unos pocos metros dentro de la hacienda. Yo estaba tan ensimismada viendo ese sarcófago y la belleza natural que me rodeaba que no me percaté de una voz que me llamaba a la distancia. Por unos segundos no reaccioné, pero la voz se fue acercando y me di cuenta de que mi madre me estaba buscando. Cuando volteé buscando a Alya, ya había desaparecido. Camino a la casona, mientras recibía el reproche de mamá por no haberle avisado que me iba a pasear, vi a lo lejos una anciana pequeñita con cabellera blanca trenzada que recogía flores en una canasta. Me quedé pensando... ¿será ella la abuela de Alya?

Llegando a la casa, y ya cuando a mi madre se le había pasado el enfado, le conté que había logrado bañarme en ese río helado a pesar de ser tan friolenta y lo maravillosa que me había sentido.

—El agua es sanadora —me dijo—. Ya te contaré cómo disfrutaba de pequeña en este hermoso río Uctubamba, recién ahora me entero que se llama así. ¿No has visto cómo tu tío Augusto se mete en una tina con hielo? No es que esté loco, sino que hay estudios que explican los beneficios de hacer estos baños. Así que, chiquitina, a bañarnos en el río todo lo que podamos.

—Sí, pues, mami, yo he leído que nuestro cuerpo es 70 % agua, así que estar en agua debe ser nuestro hábitat también —le dije.

—Somos agua y nuestro planeta es agua, así que lo que hagamos con ella afecta en todo lo demás. ¿Te acuerdas cuando fuimos a tirar piedras en la Costa Verde y veíamos cómo se formaban círculos que iban creciendo y se expandían en el mar? Así somos; lo que le hagas a tu agua, a tu cuerpo, mente y alma, sea bueno o malo, resuena en ti y en los que están a tu alrededor, así que más vale hacer todo con amor y gratitud —dijo mamá.

De pronto, se escuchó un ruido, y los gemelos habían roto un vaso en la cocina por estar corriendo, y mi profunda conversación con mamá se detuvo.

A la mañana siguiente, cuando los primeros rayos de luz se asomaban por mi ventana, caí en cuenta de que, desde nuestro balcón, se podía ver ese sarcófago. Me quedé observándolo por unos minutos, imaginando quién sería esa persona que está enterrada ahí. ¿Sería hombre? ¿Mujer? ¿Niño? ¿Adulto? ¿Un inca importante lleno

de oro? ¿Cuál habrá sido su causa de muerte? ¿Lo mataron? ¿Habría sido feliz?
¿Por qué lo habían enterrado tan arriba? Me quedé pensando en demasiadas cosas.

Me dispuse a salir a investigar. Me puse mis chanclas en silencio porque aún todos
dormían y salí caminando como mi gato Lucas, haciendo el mínimo ruido. Escribí
una nota y la puse en la mesa de noche de mamá: «Ya vengo, mami. Salí a explorar».

Empecé a caminar en dirección a la plantación de árboles de chirimoya para comerme una porque mi barriga empezaba a sonar y, de pronto, un bicho gigante incrustó sus seis patas sobre mi cabeza, enredándose de tal forma que no podía sacarlo. Grité, grité y no paré de gritar cuando sentí que alguien me cogía con suavidad del brazo y me empezaba a hablar con voz calmada y armoniosa en palabras incomprensibles:

—Thak kay sipas, huk escarabajolla acariciasunki, ama manchakuychu.

Yo solo la miré y sus ojos me transmitieron una paz que hizo que todo miedo se desvaneciera. Me dio dos golpecitos con ternura en la nuca luego de haber sacado al escarabajo gigante. Había miles de ellos habitando cada uno de los árboles de chirimoya. Ella cogió la rebosante y verdosa chirimoya y la partió para compartirla. Estuvimos ahí por unos minutos sin pronunciar una palabra, solo disfrutando de la dulzura de esta fruta. Me acordé de la frase «amor y gratitud» que tanto Alya como mi madre habían mencionado antes y dije en mi mente: «Gracias, Diosito, por permitirme estar aquí y por crear esta deliciosa fruta para mí».

La anciana siguió recogiendo flores de todos los colores y formas que crecían libres y silvestres en el campo. Iba en dirección al río y me dispuse a seguirla. En la orilla del río se encontraban unos cuencos de barro que llenó de agua y colocó las flores agrupándolas por formas y colores.

Me quedé mirando cuando sentí algo en la pierna que me hizo saltar. Era Alya sosteniendo una rama.

—Ja, ja, ja, no te quise asustar. Ja, ja, ja, no, mentira, sí quise. Perdón. Ja, ja, ja.

—Es agua sagrada, es agua medicinal que prepara para sanar a su vecino que está muy triste —comentó Alya.

—¿Cómo es que sana con plantas? ¿Cómo prepara eso? —pregunté.

—Mira, deja las flores remojándose en el agua por varias horas y, con los rayos del sol, el agua queda impregnada de la energía de la flor —explicó Alya.

«¿Será verdad? ¿Agua que sana? Tengo mis dudas, solo es agua con flores», pensé.

—Chiqap kaptinqa Pachamamaqa tukuy imatam quwanchik qhaliyananchikpaq —dijo la anciana.

Alya me tradujo lo que había dicho:

—Sí, es cierto, la madre tierra nos da todo para sanarnos. Solo debes conocerla y confiar en ella. La naturaleza es nuestra medicina.

Yo no podía creer cómo había leído mi pensamiento y me quedé perpleja. Solo atiné a mover la cabeza de arriba abajo, asintiendo y dándole la razón. En ese momento, me acordé de mi mamama, que sufría de dolor de rodillas, y le pregunté a Alya si había alguna planta que pudiera ayudarla a sanar eso.

—Vamos, te voy a llevar a nuestra farmacia —me dijo.

—¿Tienen una farmacia aquí en la hacienda? —le pregunté.

—Claro, ven —dijo Alya.

Alya corría muy deprisa pisando piedras, ramas y plantas; no sé cómo no le dolía andar sin zapatos. Alya y la tierra parecían ser una sola.

Pasamos por el establo, con un «rico» olor a estiércol, y a lo lejos visualicé un imponente puente de piedra. Mientras nos acercábamos, veía cómo ese bosque frondoso me inundaba de aromas y sonidos inexplicables que solo inspiraban mi imaginación, creando mundos en los que hadas y duendes habitan.

Subimos una cuesta de piedras y, ya adentrándonos en el viejo puente, cada paso que daba sobre los tablones de madera crujía, recordándome que cada paso que damos tiene un efecto.

—Ya casi llegamos —me dijo.

Pasamos por un arco de flores de buganvillas fucsias y moradas y entramos a la farmacia más hermosa que había visitado nunca. Flores y plantas de todas las formas y colores, mariposas revoloteando por todos lados y un par de minúsculos pájaros amarillos parecían cortejarse con esmero.

Pasamos por plantas de laurel, romero, muña, tomillo y muchas otras plantas que jamás había visto y cuyos nombres no recuerdo. Alya me acercaba cada una tan de cerca que su olor me penetraba hasta el cerebro mientras me decía cómo cada una sanaba algo.

—¡Romero te desinflama y ayuda a la digestión! ¡Tomillo para curar la tos! ¡Menta para el dolor de cabeza y para relajarte! ¡Tara para el dolor de garganta!

Me acerqué a una planta que llamó mi atención y me dispuse a arrancar sus hojitas cuando me gritó:

—¡Esa noooo!

Pero ya era tarde, mis dedos empezaron a picar tanto que tuve que correr sin pensar hasta el río para remojar mi mano. La picazón y el ardor eran tan fuertes que se me

deslizaron unas lágrimas sobre el rostro. Ella no paraba de reírse a carcajadas y yo no paraba de preguntar ansiosa:

—¿Es venenosa? ¿Me voy a morir? ¿Me van a salir verrugas? ¿Me voy a quedar sin aire? ¡Ayuda!

Alya seguía riéndose, revolcándose en la tierra fangosa. El agua ayudó a calmar mi dolor y, cuando ya estuve más tranquila, Alya me explicó que era ortiga, una planta que pica mucho pero no mata.

—Es buena para limpiar la sangre; si te la tomas en infusión, te ayuda con la diarrea, también ayuda a eliminar el acné y calma los dolores de cuando te viene el periodo.

—¿A ti ya te vino?

—No, aún no, y me da nervios. No sé cómo se sentirá y me da un poco de asco. Me parece tan loco que las mujeres sangremos todos los meses. Qué injusto que los hombres no tengan que pasar por eso.

—Sí, pues, pero mi abu me dice que es un regalo del cielo que eso nos da la posibilidad de crear vida dentro de nosotras. Eso me parece más increíble.

—¡Es verdura!

—¿Cómo que verdura?

—Ja, ja, ja, es verdad, eso quiere decir.

—¿Y la planta que puede aliviar a mi mamama? ¿Dónde está?

—Verdura, vamos. Se llama llantén.

Recogimos varias hojas de llantén y las llevamos a la casona. Al llegar, vimos cómo unas gallinas escapaban asustadas de un par de depredadores: mis hermanos, Joaquín y Lorenzo, que las acechaban para atraparlas y lanzarlas al aire para ver si volaban.

—Esta vuela más —gritó Lorenzo.

—No, esa subió hasta el árbol de palta —afirmó Joaquín.

—Dejen a las pobres gallinas —les dije. Me di la vuelta y Alya ya no estaba. Mi papá me llamó para que me alistara y tomara desayuno porque hoy visitaríamos el Museo de Leymebamba.

—¿Sabías que en el museo hay más de doscientas momias que encontraron en una laguna?

—¡Guau! No lo sabía, papi. ¿Las puedo tocar?

—No, claro que no. Solo se pueden ver.

—¿Y por qué las sacan de sus tumbas?

—¡Para investigarlas!

—¡No me parece bien! ¿Te imaginas si en unos miles de años desenterraran al abuelo Zacarías para estudiarlo? No me gusta eso. Hay que dejar descansar a los muertitos.

—Sí, pues, chiquitina, tienes razón —comentó papá.

En la entrada había unas estatuas enormes como las que veo desde mi balcón, pero se nota que no son reales, solo son réplicas. Mis padres pagaron quince soles por cada uno de ellos y tres soles por cada uno de nosotros. Le pidieron a mi padre que dejara en custodia la cámara porque estaba prohibido tomar fotos. Al entrar, sentía un olor raro; será que ya me hice la idea de que aquí hay muchas vidas o, mejor dicho, muchas muertes juntas.

Me daba un poco de miedo, así que le agarré la mano a mi padre y entramos a un salón grande con quipus, tallas de madera, piezas de cerámica y otras cosas que no entendía qué eran. Luego entramos a una zona donde estaban todas las momias. Se veían secas como una pasa, agachadas, comprimidas y asustadizas. Algunas con las bocas abiertas y podía contar la cantidad de dientes que tenían. Otras aún con pelo y una más cogiéndose la cara, como si las hubieran enterrado vivas. Mientras mi corazón no paraba de latir, me di la vuelta para ver a mis hermanos y los vi haciendo muecas tratando de imitar las caras de las momias, y eso ayudó a calmar un poco mis miedos. Caminando unos pasos, me encontré con un exhibidor en el que había momias bebés. Eso es lo que más me impresionó. No entiendo cómo es que esos bebés habían fallecido.

Ya nos estábamos yendo cuando me percaté de que en el pasadizo exterior había una telaraña de fibras cuidadosamente atadas formando un gigantesco quipu. En ese momento recordé lo que colgaba del espejo de la camioneta del Sr. Eliseo.

«Parece tener las mismas fibras, los mismos colores y nudos», pensé.

—¿Qué miras con tanta curiosidad, pequeña? —me preguntó mi padre.

—Ese quipu gigante, papi, parece registrar más que simplemente la cantidad de algo; parece esconder una historia misteriosa detrás.

—Ay, pequeña, tú siempre con tu gran imaginación.

El guía que estaba en la sala escuchó nuestra conversación e interrumpió diciendo:

—Ese quipu fue encontrado en la laguna de las momias y recorría todo el sarcófago, abrazando cada una, como si estuvieran conectadas, queriéndonos decir algo, pero, lamentablemente, los saqueadores habían mezclado todo y nunca sabremos cómo estaban posicionadas realmente.

De uno de los nudos colgaba una placa de metal minúscula en la que había un símbolo extraño. Me quedé intrigada e imaginaba muchas historias sobre lo que eso podía significar.

—Vamos, pequeña, tus hermanos tienen hambre. Vamos al cafecito del frente, que es delicioso y hermoso —gritó mi madre apresurada.

Subimos una pequeña cuesta llena de arbustos y de árboles huarangos, flores de azucena blancas, y llegamos a un pequeño café mágico, donde volaban hermosos colibríes de cola de espátula de todos los colores. Bailaban entusiasmados por tener un lugar en los bebederos colgantes del lugar.

Sentados ahí, mi madre nos contó algo que le pasó de chica cuando visitó este lugar con mis abuelos.

—Estaba mirando los colibríes cuando de pronto vi a una niña que estaba metida entre los arbustos, descalza y en punta de pies, que le susurraba algo al oído a un colibrí. Cada vez que se acercaba, su cola de espátula se iluminaba; salían unos delicados rayos que alumbraban el espacio. Corrí a contarle a mis padres y fuimos a buscar a la niña, pero ya no estaba.

—¿En serio, mami? ¿Cómo era la niña? ¿Se parecía a Alya?

—¿Quién es Alya? —preguntó mi madre.

—Alya, la hija de María y Eliseo.

—No, mi amor, ellos que yo sepa no tienen hijos.

—¿Cómo que no? ¿Entonces quién es la niña que está en la hacienda?

—No lo sé, quizás es la nieta de la señora Blanca, la que recoge flores y trabaja en el jardín.

Me quedé muy preocupada, con ganas de regresar rápidamente a la hacienda para buscar a Alya. Luego de tomarnos un rico chocolate caliente y unas tostadas con palta, volvimos a la hacienda. Ya era tarde y mis padres no me dejaron ir a buscarla. María y Eliseo ya se habían ido a descansar, así que no pude saciar mi curiosidad.

Al abrir mis ojos, lo primero que pensé fue en Alya, así que salí corriendo y mis papis ya estaban desayunando abajo, y les grité:

—¡Ya vengo!

—No te demores, que ahora vamos a hacer la caminata a la Catarata de Gocta.

—¡Ya, mami!

Bajé corriendo los escalones de piedra, atravesé los árboles de tara y las chirimoyas, y me encontré con la camioneta del Sr. Eliseo estacionada con el vidrio bajo. Visualicé el objeto que colgaba desde el espejo y vi un símbolo similar al que había visto en el quipu del museo. Corrí al río a buscar a Alya porque parecía ser su lugar favorito. Mientras corría, veía cómo los majestuosos ficus se abrazaban, vinculando sus ramas y haciéndose uno. Llegué al río y ahí estaba ella, disfrutando del agua. Se subía en una roca, saltaba y se dejaba llevar unos metros; luego volvía por la orilla del río, caminando descalza y pisando cada roca con fuerza, pero a la vez con delicadeza.

—Ven, te mostraré algo. Tengo que contarte algo; vi algo extraño en la camioneta del Sr. Eliseo.

—Sí, justo de eso te quiero hablar —me dijo.

Nos acercamos con mucho cuidado al vehículo y nos metimos por la ventana del copiloto, que estaba baja. Logramos desatar el misterioso objeto colgante y recién me di cuenta de que lo que colgaba del quipu era una diminuta llave que llevaba el mismo símbolo que había visto en el museo. Salimos despacio, haciendo el mínimo ruido, y Alya me fue guiando a una zona que jamás había explorado.

Pasamos al lado de las habitaciones del personal de servicio, brincamos por una cargada acequia y llegamos a una cabaña minúscula que parecía la casa de los siete enanitos: rústica y acogedora, con paredes de piedra y techos a dos aguas. Era una hermosa capilla. Nos acercamos y vi un bello crucifijo de plata que decoraba el portal. Lamentablemente, estaba enrejada y colgaba un pequeño candado de ella. Me desanimé por un momento, pero cuando volteé, vi a Alya apuntándome con la llave con cara de loca burlona y me preguntó:

—¿Para qué crees que es la llave?

Al entrar, el espacio era tan limitado que solo cabía una pequeña banca para dos y unos cuantos adornos. Tres velas desgastadas sobre una repisa vieja y un florero blanco de cerámica que parecía de mi tatarabuela. En el centro había una deslumbrante virgen en una especie de gruta con flores de mentira cubiertas de polvo. Al acercarme a la virgen, mi brazo derecho chocó con la pared de roca, de la cual se desprendió un pedazo afilado que por poco cae sobre mi dedo gordo del pie. A los pocos segundos, se deslizó una amarillenta hoja que cayó volando por el espacio como una paciente pluma que se tomaba su tiempo para llegar a la superficie. La recogí y Alya y yo nos miramos sorprendidas por aquella enigmática sorpresa.

La hoja decía:

«Querida primera nieta, espero que leas esto en algún momento de tu vida con un corazón sincero porque te lo escribí con mucho esmero…

«*Tierra es tu cuerpo, agua tu sangre, aire tu respiración y fuego tu espíritu*» *(Chullum, Alexia).*

Deja tu ego y sigue tu sentido interno para descubrir el mensaje secreto en ese reto.

A la tierra que te enraíza pídele que te permita caminar descalza, pisa a la tierra viva para que tu cuerpo sonría, que tus huesos estén ilesos para disfrutar del camino de los cerezos…».

—Tenemos que descifrar este mensaje. ¿Qué me quiere decir?

—Vamos, yo sé dónde es. Corre… —comentó Alya emocionada.

Llegamos al camino de los cerezos, y en uno de ellos se encontraba un árbol que tenía tallado en su tronco: «Como es arriba es abajo». Eso le hizo pensar a Alya en el desolado estanque que está detrás.

—Parece un espejo que refleja la misma imagen al revés. Como es arriba es abajo —dijo Alya entusiasmada.

Caminamos hasta el estanque y observamos un pedazo de metal que se asomaba en el suelo. Cavamos unos segundos y desenterramos una pequeña caja de metal oxidada. Abrimos el desgastado objeto y sacamos una pequeña nota escrita a mano con letra descuidada.

«Permite que el agua purifique tu esencia, que lave tus lágrimas y recorra el camino de sangre para que no se estanque. Fluye con libertad y lleva prosperidad. Llega al remolino que te permita entrar al mundo divino. Haz como la cascada, uniendo lo espiritual con lo terrenal».

En ese momento, recordé la corriente que forma un remolino cerca de la mini cascada al lado de los árboles de lima.

—¡Sígueme, Alya! —le dije.

Cuando nos acercamos, había una roca tallada que decía:

«Permite que el aire expanda tu mente, respira profundo y despacio en este acelerado mundo. Permite que el aire resuene en tu voz palabras que vuelen con alas de amor y gratitud hasta el ataúd».

—El sarcófago. Ven —le dije con voz anhelante.

Alya me miró con esos curiosos y oscuros ojos, y avanzamos hasta el puente. Caminamos por esa trocha que apenas se podía vislumbrar por su abundante vegetación y llegamos a la imponente pared de piedra. Nos llevamos la sorpresa de que el sarcófago estaba demasiado elevado como para alcanzarlo. Decidimos subir a una especie de altillo de piedra que estaba unos metros más arriba. Íbamos buscando un pequeño espacio donde apoyar nuestros delgados dedos y, en un momento, mi pie se resbaló, raspándome y dejando un rastro de sangre sobre mi canilla derecha. Seguimos trepando descalzas sobre esas duras y secas piedras y logramos sentarnos una al lado de la otra. Al escurrir mi mano sobre la piedra, vi una botella de vidrio con un papel en su interior. La botella estaba atascada entre unas rocas. Intentamos sacar el papel con los dedos, pero no logramos alcanzarlo.

—Rompamos la botella —me dijo Alya.

—Nos van a salpicar los vidrios —le dije.

—No tengas miedo, yo lo hago —afirmó con seguridad Alya.

Sostuvo con fuerza la botella y la golpeó contra el borde de piedra. Se quebró en muchas piezas, pero Alya seguía sosteniendo con certeza lo que quedaba de ella. Leímos el siguiente mensaje:

«Permite que el fuego trasmute todos tus miedos para que tu energía se eleve a lo más alto y seas esa llama que ilumine el cielo en las noches más oscuras».

—Ya sé, vamos a la zona de fogata —comenté.

Corrimos a buscar la siguiente pista, pero no encontramos nada.

—No, quizás está en el horno de barro —mencionó Alya.

—Sí, vamos.

Tampoco encontramos nada y nos pusimos a pensar. Recordamos la frase que decía: «...las noches más oscuras». Así que empezamos a reflexionar sobre ello. Pensamos que podía ser un mensaje literal o, quizás, un mensaje oculto. Tal vez debíamos esperar a que oscureciera para descifrarlo. En ese momento, escuché la voz de mi padre llamando a gritos:

—¡Ya nos vamos a Gocta, apúrate, hijita!

—¡Ya voy! —grité.

Le dije a Alya que nos encontraríamos de noche. Regresé corriendo a la casona y mi mente no paraba de pensar.

Nos tomó media hora llegar hasta San Pablo de Valera, un pequeño pueblito donde nos esperaba Julián, nuestro guía. En el camino, pensé en contarles a mis padres sobre los mensajes que había encontrado de mi abuelo, pero no sé por qué no lo hice. Nos esperaban Julián y tres caballos por si nos cansábamos, ya que la caminata era muy larga, casi cinco horas. Mi hermano Lorenzo iba con papá, mi hermano Joaquín con mamá, y yo con Truco (así se llamaba mi caballo), obviamente jalada por Julián. Empezamos la ruta viendo

pintorescas casas hasta que llegamos a un camino más angosto y frondoso, con imponentes árboles cuyas quebradizas raíces abrazaban el suelo creando obstáculos para nuestros pasos.

Fuimos adentrándonos en ese denso bosque, viendo hermosas orquídeas de diferentes colores y otras especies nuevas para mis ojos. Por unos minutos me quedé observando a Julián porque parecía hablar solo. Luego me percaté de que se «comunicaba» con los pajaritos y cuervos negros, que con su canto me hacían vibrar hasta la parte más profunda de mi alma. Esos cuervos negros que yo creía que daban mala suerte tocaban la melodía más bonita que jamás había escuchado. De pronto, toda esa paz que sentía al escuchar ese canto celestial se esfumó cuando apareció un enorme toro negro con cuernos gigantes y empezó a acercarse. Me entró un miedo terrible porque sentía que me iba a embestir y tirar hacia el exuberante precipicio. Mis hermanos y yo mandamos un estruendoso grito. Julián ni se perturbó por nuestros alaridos y solo se dedicó a espantarlo con fuertes y graves ruidos, pero con total calma y seguridad. Luego de calmarnos y de tomar mucha agua (mi mamá siempre dice que tome agua si me siento ansiosa y mi papá siempre me dice: «respira, respira»), los consejos de mis padres lograron tranquilizarnos y nos permitieron volver a disfrutar de nuestro paseo. Seguimos el camino, pasando por bosques de helechos, hasta llegar a un hermoso mirador en el que por primera vez vi la imponente catarata de Gocta.

Yo pensaba que era la tercera más alta del mundo, pero resulta que ahora se ha descubierto que es la décimo cuarta o quinta más alta del mundo, con 771 metros. Nos bajamos de los caballos, nos tomamos muchas fotos y comimos unas ricas mandarinas. Seguimos el sendero y Truco no paraba de detenerse para comer pasto, lo que hizo que me retrasara un poco de mi familia. En ese instante, un viento muy fuerte empezó a soplar rozando mis mejillas y, con él, llegaron una diversidad de aromas del bosque. En ese momento, recordé el mensaje de mi abuelo en el que hablaba del aire. Empecé a sentir cómo el viento susurraba en mi oído; me decía: «Cree en ti y sigue tu instinto». Comencé a pensar y en mi mente aparecía varias veces el último mensaje sobre el fuego. Me empecé a cuestionar, preguntándome: ¿qué poder tiene el fuego?, ¿qué significa?, ¿cómo es que el fuego y el viento se relacionan?, ¿qué tiene que ver eso conmigo? Luego de varios minutos en que mis pensamientos revoloteaban, me vino una idea:

«Quizás el mensaje oculto es que el fuego soy yo, esa llama de luz que llevo en mi interior y que, a través del aire y del viento, necesita que se expanda. Quizás eso es lo que me quería decir mi abuelo. Que caliente mi mundo con amor y que inunde mi ser y el de los demás con polvo de estrellas brillantes».

De pronto, Julián, muy presuroso, empezó a jalar con fuerza a Truco, y eso me hizo volver al camino y conectarme nuevamente con este paseo maravilloso. Luego de varias subidas y bajadas por el empinado trayecto, llegamos al pie de la cascada. Parecía una imagen sacada de un cuento de fantasía. Todo a mi alrededor era tan hermoso que me provocaba llorar de alegría. Esa naturaleza parecía convivir en armonía sin ningún esfuerzo. Ojalá nosotros, los humanos, lográramos vincularnos como lo hace la madre tierra.

Nos estábamos alistando para meternos al agua cuando Julián nos contó una leyenda sobre la cascada. Hablaba sobre una mujer de rubia cabellera que encantaba a los visitantes por su belleza y porque tenía una vasija de oro, y al que se atrevía a robarle, ella lo devoraba con el poder de sus aguas. En ese momento, los gemelos empezaron a llorar.

—Mamá, tengo miedo —dijo Joaquín.

—Ya no me quiero bañar —afirmó Lorenzo.

Ya ninguno se quería meter al agua (yo tampoco), pero mi papá nos explicó que era solo una historia, que no era real, y que sí es verdad que esta cascada es mágica, pero no nos arrastraría hacia las profundidades, sino que sus aguas nos recargarían de energía. Nos animamos a entrar y fue la mejor decisión. Por varios minutos disfrutamos de un momento extraordinario en el que los cinco estábamos totalmente entregados a esa cascada, sintiendo su fuerza, su pureza y verdad. Entre risas y carcajadas que salían espontáneas, pasamos uno de los mejores momentos que hemos tenido en familia y nunca lo olvidaremos.

Luego de un largo camino de regreso, llegamos a la hacienda cuando ya estaba oscureciendo. Busqué a Alya por todos lados, pero no la encontré, así que decidí acercarme al río, donde a ella siempre le gusta estar. Superando mis miedos a la oscuridad, de pronto alcé la vista y me convertí en espectadora de una de las manifestaciones más bellas que había visto.

Un mar de luciérnagas danzaba por todo el espacio, apagándose y encendiéndose sobre la monumental pared de piedra que cercaba el río. Cambiaban de posiciones; eran arte en movimiento, formando figuras, hasta que en un momento se detuvieron y logré descifrar lo que habían formado.

Laya, era mi nombre, y estaba dibujado sobre la noche oscura, recordándome que soy luz en la oscuridad y que tengo un mensaje que dar. Yo no lo podía creer, quizás era fruto de mi imaginación, quizás era lo que yo quería ver, pero abría y cerraba los ojos y las luciérnagas seguían ahí, recordándome mi existencia.

Una vez mi madre me dijo que Laya venía del nombre Eulalia y que significa «la del buen hablar». Nunca hasta hoy me había sentido identificada con eso, nunca había sentido que era capaz de ser una buena comunicadora, y menos que podía tener un talento especial al hablar, pero, al parecer, mi abuelo quería decirme que sí lo tenía Como me dijo Alya, tu nombre es tu símbolo y es especial. Cuando repetí el nombre de Alya en alto, caí en la cuenta de que su nombre y el mío tienen las mismas letras, pero en diferente orden. En ese momento, recién fui consciente de que Alya no era hija del Sr. Eliseo ni de María, ni nieta de la señora Blanca. ¿Quién crees que es Alya? ¿Por qué es que su nombre y el mío contienen las mismas letras? ¿Qué crees que signifique eso? Muchas preguntas rondaban en mi mente.

Regresé a la casona sintiendo una paz increíble. Mi abuelo me hizo valorar la conexión especial que tenemos con los cuatro elementos de la naturaleza. Entendí cómo en todo momento estamos interactuando con ellos porque somos todos parte del mismo universo.

Escuché a todo volumen una canción que me llamó la atención y que nunca había oído. Mis padres bailaban abrazados y mis hermanos se encontraban secos en el sofá de cuero.

Mi padre me comentó:

—Esta era la canción favorita de tu abuelo. Ven, baila con nosotros.

Abracé fuerte a mis padres y bailamos como si no existieran tiempo ni espacio. Luego les agradecí por este viaje maravilloso.

—Te amamos, Laya, gracias por elegirnos —me dijo mi madre.

—Te admiramos y estamos muy orgullosos de ti —comentó mi padre.

Empecé a prestarle atención a la letra de la canción y me confirmó todo lo que había aprendido aquí y ahora:

The power of love is here now, the power of now is here now.
El poder del amor está aquí ahora, el poder del ahora está aquí ahora.
The power of you and me is here to create magic on Earth.
Tu poder y el mío están aquí ahora para crear magia en la Tierra.
Let the water wash away your tears.
Deja que el agua lave tus lágrimas.
Let the fire burn away your fears.
Deja que el fuego queme tus miedos.
Let the wind blow into your life such faith and trust.
Deja que el viento sople en tu vida fe y esperanza.
Let the Earth hold you, take care of you and nurture you all.
Deja que la Tierra te sostenga, te cuide y te nutra.

Chullun, Alexia. The Power of Love, 2018.

Mi Viaje a la Ciudad de las Nubes

© del texto: Jamie Buchanan Rivera
© de las ilustraciones: Cecilia Merino Rivera
© del diseño y corrección: Equipo BABIDI-BÚ

© de esta edición:
Editorial BABIDI-BÚ, 2025
Avda. San Francisco Javier, 9, 6ª, 23
Edificio Sevilla 2
41018 - SEVILLA
Tlfn: 912.665.684
info@babidibulibros.com
www.babidibulibros.com

Impreso en España
Primera edición: abril, 2025

ISBN: 979-13-87663-69-8
Depósito Legal: SE 304-2025